Quart Verlag Luzern   Anthologie 24

LOCALARCHITECTURE

Localarchitecture
24. Band der Reihe Anthologie

Herausgeber: Heinz Wirz, Luzern
Konzept: Localarchitecture, Lausanne; Heinz Wirz
Lektorat: Kirsten Rachowiak, München
Übersetzung Französisch-Deutsch: Wolfgang Bernard, Berlin
Fotos: Milo Keller, Paris S. 7–9, 11, 13, 15, 17–19, 21, 23 (unten), 25, 27;
Matthieu Gafsou, Lausanne S. 4, 29, 31, 33–35, 37, 39, 41–43;
Thomas Jantscher, Colombier S. 23 (oben)
Renderings: Marco de Francesco, Lausanne S. 45, 49 (Nr. 1–5);
Daphnis Lalot, Lausanne S. 47; Philipp Schaerer, Zürich S. 49 (Nr. 7)
Grafisches Konzept: Linda Martinez, Genf
Grafische Umsetzung: Quart Verlag, Luzern
Lithos: Printeria, Luzern
Druck: DZA Druckerei zu Altenburg GmbH

Quart Verlag GmbH
Denkmalstrasse 2, CH-6006 Luzern
books@quart.ch, www.quart.ch

Anthologie 24 – Notat

Heinz Wirz

Vor zehn Jahren gründeten Manuel Bieler, Antoine Robert-Grandpierre und Laurent Saurer in Lausanne ihr eigenes Architekturbüro mit dem programmatischen Namen Localarchitecture. Ihre ersten Projekte liegen im Umfeld von Lausanne in kleineren, landwirtschaftlich geprägten Orten. Hier greifen sie Bauformen und -bedingungen, die von der ländlichen Tradition geprägt sind, auf und vermengen diese mit ihren eigenen zeitgenössischen Vorstellungen und architektonischen Intentionen. Mit dieser «Melange» bereichern sie ihre Projekte. So mutiert etwa beim Stall für 30 Kühe in Lignières das herkömmliche Satteldach zu einem lang gestreckten, geknickten Giebeldach mit ansteigenden und abfallenden Traufen. Beim Zweifamilienhaus in Maracon wird der langrechteckige, durch ein Schottenkonzept gegliederte Baukörper verzerrt, nicht um der ausgefallenen Form willen, sondern zum beträchtlichen Vorteil für die Nutzung und den Klimaschutz. Ausgesprochen poetisch mutet die plastische Figur der provisorischen Kapelle von Saint-Loup in Pompaples an. Die auffällige solitäre Kunstform mitten auf einem ausgedehnten, parkähnlichen Territorium entfernt das einfache Holzgebäude aufs Äusserste von der Wirkung einer provisorischen «Baracke» und nobilitiert diese zu einem angemessenen Andachtsraum. Mit einer geradezu verspielten, fröhlichen Geste reagieren die Architekten auf die Aufgabe, eine Überdachung für den Marktplatz in Renens zu schaffen. Leicht wie Schmetterlingsflügel breiten sich die bloss 15 cm starken Betonplatten auf schiefen Stahlsäulen aus und prägen diskret die hohe Qualität dieses neu gestalteten Marktplatzes. In jüngster Zeit wurden weitere spannende Projekte fertiggestellt, die in der Regel derselben Strategie folgen: Die Architekten reflektieren den Ort, das Umfeld, die Bedingungen der Aufgabe und gewinnen daraus ihre eigenen Formeln, die oft erfindungsreiche Nuancen und Formabweichungen von tradierten Konzepten sind.

Luzern, im November 2012

Stall für 30 Kühe, Lignières
2006

Das Gut *Cerisier* ist ein grosses landwirtschaftliches Anwesen, das sich am Fuss des Chasseral – in einer Höhe von 1000 Metern – befindet. Der neue Stall wurde in der Verlängerung des Hauptgebäudes errichtet und nimmt die Topografie des Geländes auf.

Das Projekt bedient sich bestimmter Prinzipien und Elemente der traditionellen regionalen Bauweise und übersetzt sie in zeitgenössische Formen. Das Gebäude ist durch eine Überdachung aus drei Dachflächen charakterisiert, die erlaubt, das Bauvolumen in den Kontext der Bestandsbauten des Hofs einzuschreiben, während sich die Südfassade zum Tal hin öffnet. Aus einem regelmässigen Holztragwerk errichtet, das für die natürliche Belüftung der Scheune sorgt, reinterpretiert diese Fassade die Ramée-Bauweise traditioneller Bauernhöfe. Die Neigungen von First und Sims passen sich an die hügeligen Bergkämme des Jura an. Die gesamte Konstruktion besteht aus dem Holz von Bäumen eines nahe gelegenen Waldes, und die Details sind derart konzipiert, dass sie den Eigenbau durch den Landwirt ermöglichen.

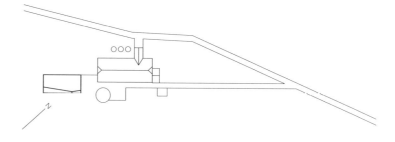

Neun Pavillons im Parc des Rives, Yverdon-les-Bains
2007

Die Pavillons integrieren sich in den neuen *Parc des Rives,* der anlässlich
eines Wettbewerbs entstanden ist, den die Stadt Yverdon-les-Bains aus-
schrieb, um diesem lange vernachlässigten Ort an den Ufern des Neuen-
burgersees neues Leben einzuhauchen. Hier fand 2002 die Schweizer
Landesausstellung – die Expo.02 – statt. Der Rhythmus der Promenade,
die dem *Canal de la Thièle* in Richtung See folgt, wird durch thematische
Folgen (Picknick, Musik, Meditation, Ausschank etc.) bestimmt. Die Pavillons setzen im Dialog mit den Grünanlagen Akzente und verbinden den
Kanal visuell mit dem Park. Die auf zwei Seiten offenen Pavillons stehen
auf zwei lattenzaunartigen Seitenwänden unterschiedlicher Höhe, die von
einem Schrägdach überspannt werden. Das Tragwerk der Pavillons besteht
aus Pfosten und Trägern aus Douglasie. Die Aussteifung der Konstruktion
wird durch ein System massiver Holzstreben gewährleistet, die sichtbar
zwischen den vertikalen Trägern angebracht sind. Die festen Einbauten
gehen auf den jeweiligen Zweck der einzelnen Pavillons ein und sind nach
den gleichen Prinzipien konstruiert wie das Tragwerk.

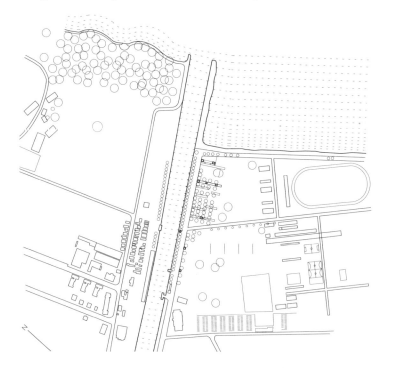

Zweifamilienhaus, Maracon
2010

Das Bauwerk fügt sich in die Struktur der umliegenden Anwesen ein, indem es die schräge Bauform und den Massstab der Gebäude entlang der Strasse respektiert. Das Projekt richtet sich nach lokalen architektonischen Richtlinien und Formen und deutet diese im Sinne einer zeitgenössischen Nutzung und Ästhetik um. Die Form des Gebäudes steht in einem harmonischen Bezug zur örtlichen Topografie und fügt sich ebenfalls in die Landschaft ein.
Die Konstruktion besteht aus einer Reihe tragender Wände unterschiedlicher Abmessungen, welche für die räumliche Ausformung des Gebäudes sorgen. Die Konstruktion folgt der Vorgabe, dass zwei Familien unter einem Dach leben sollen. Die konkave, geschlossene Nordfassade mit dem gemeinsamen Eingang scheint unter dem Druck des Nordwindes eingeknickt zu sein. Die Fensterfront der Südfassade sorgt mit ihrer konvexen Gestaltung für eine visuelle Zweiteilung des Gartens, wodurch ein Mehr an Privatsphäre für die beiden Familien geschaffen wird. Auf der Südseite schützt ein grosses Vordach die verglaste Fassade vor der Sonne und stellt einen Bezug zu den Nachbargehöften her. Mit dem Dach kann die passive Energiezufuhr an die Jahreszeiten angepasst werden; die externen Erweiterungen werden räumlich in Einklang gebracht. Grosse Aussenjalousien gestatten die Temperaturregelung der Innenräume mit Blick auf jahreszeitliche Schwankungen. Nachts sorgen die beleuchteten Räume für eine markante Präsenz im Ort.

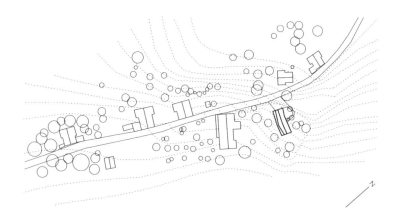

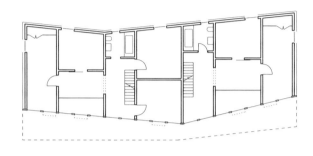

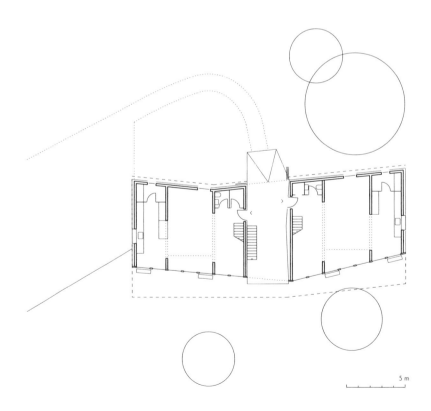

5 m

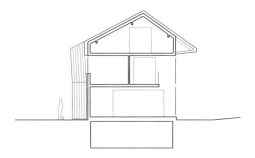

Provisorische Kapelle von Saint-Loup, Pompaples
2008

mit: Bureau d'architecture
Danilo Mondada, Lausanne
und Shel Architecture,
Engineering and Production
Design, Lausanne

Die neue Kapelle steht an zentraler Stelle auf dem *Plateau de Saint-Loup*. Anfangs lediglich als Provisorium gedacht, um die Zeit des Umbaus der alten Kapelle zu überbrücken, wurde die neue Gebetsstätte zu einem verbindenden Element für den gesamten Standort.

Ausgehend von Überlegungen zu traditionellen Gotteshäusern und einer konstruktiven Analyse des Origami-Prinzips entstand ein gefalteter Baukörper, welcher der Gemeinde der Diakonissinnen einen grosszügigen, zum Vorplatz hin offenen Eingangsbereich bietet. Zur Rückseite hin verengt und erhöht sich der Baukörper und schliesst in einer vertikalen Fassade ab. Die aus grauen Schichtholzplatten gefertigte Konstruktion schafft einen lichten Innenraum, der zur Einkehr einlädt. Jede Falte der Fassade reflektiert das Licht auf jeweils unterschiedliche Weise und betont so die Steigerung und die Verformung des Baukörpers. Die Giebelfassaden sind mit einem kupferfarbenen, lichtdurchlässigen Textilmaterial beschichtet. Sowohl die Ost- als auch die Westfassade besteht aus einer Pfosten-Riegel-Konstruktion, deren Struktur an ein Kirchenfenster erinnert.

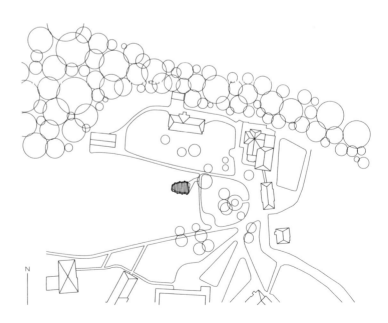

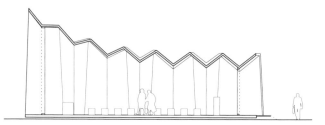

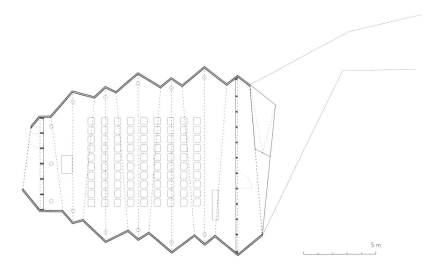

5 m

19

Schulhaus Pierrefleur, Lausanne
2009; Studienauftrag 2006, 1. Preis

mit: Bureau d'architecture
Danilo Mondada, Lausanne

Mit seiner einfachen Volumetrie und der Ausrichtung parallel zur Strasse fügt sich das neue Gebäude der Fondation de Verdeil nahtlos in die bestehenden morphologischen und funktionalen Strukturen des Bezirks Pierrefleur ein.

Der von der Strasse aus zugängliche, tiefer liegende Schulhof ist direkt an den Eingangsbereich der Schule angebunden, wodurch ein Übergangsraum geschaffen wird, der die Schule in das Quartier einbindet. Die drei Etagen des Gebäudes sind über eine zentrale Treppe miteinander verbunden. In der ersten Etage sind die Klassenzimmer untergebracht; die Räume für die Spezialfächer im Untergeschoss bieten Zugang zum Sportgelände. Das Betontragwerk wird durch die auskragenden Deckenplatten betont. Um den sichtbaren Bezug der Schule zu ihrer Umgebung zu verstärken, sind die Fassaden mit relativ grossen Glaselementen ausgeführt. Rhythmus und Massstab der Fensterrahmen fördern die Einbindung des Gebäudes in den Hang abwärts gelegenen Baumbestand und bestimmen das Bild der Schule von der Strasse her.

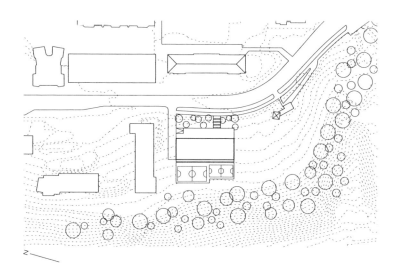

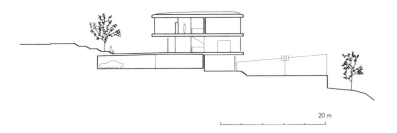

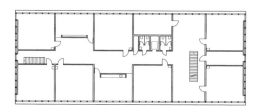

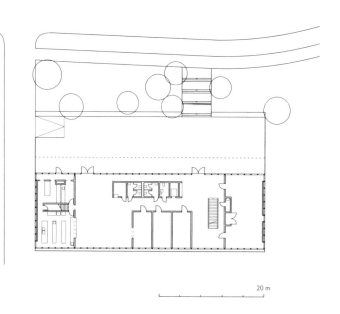

20 m

Wohnungen in Corsy-sur-Lutry
2010

Ein Hauptmerkmal der Landschaft des Lavaux, in die das Dörfchen Corsy-sur-Lutry eingebettet liegt, sind die steilen Hänge mit ihren von langen Steinmauern eingefassten Terrassen. Den Einwohnern bietet sich eine grossartige Aussicht auf den Genfersee und die Alpen.
Die Gebäude greifen die örtliche Topografie auf, indem am Hang Terrassengärten angelegt werden. Die in Sichtbeton mit dem gelben Kies des Lavaux ausgeführten Baukörper nehmen Bezug auf die steinige Bodenstruktur. Durch die Realisierung zweier monolithischer Gebäude mit sechseckigem Grundriss wurde ein Optimum an Freiräumen geschaffen; die Bewohner haben einen unverstellten Blick auf die umgebende Landschaft. Die Fassadenöffnungen nehmen in Südrichtung an Grösse zu und fokussieren den Blick aus den Innenräumen auf bestimmte, nahe gelegene oder weiter entfernte Landschaftselemente. Im Einklang mit der Geometrie der Fassaden und der Abfolge der Aussichtspunkte sind die Wohneinheiten hintereinander angeordnet und um zentrale Wirtschaftsräume gruppiert. Die einzelnen Wohnungen bieten mit ihrer individuellen Innenausstattung und der direkten Fortführung in einen Garten ein Höchstmass an Privatsphäre.

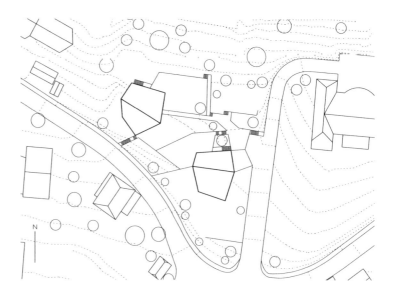

10 m

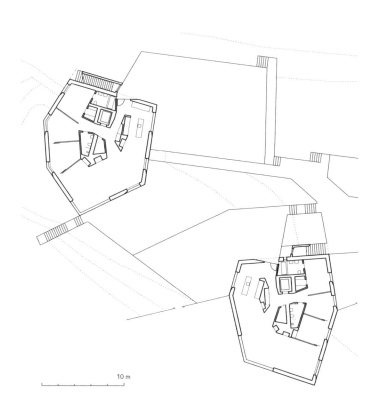

10 m

Halle für Landwirtschaftsgeräte, Lignières
2012

Das Gut *Cerisier* ist ein grosses landwirtschaftliches Anwesen, das sich am Fuss des Chasseral – in einer Höhe von 1000 Metern – befindet. Der sich an den Hang schmiegende Schuppen ergänzt die Gebäude des bestehenden Bauernhofs.

Das Projekt ist so konzipiert, dass es den Eigenbau durch den Landwirt – der traditionellerweise Holzbau und einfache Schreinerarbeiten übernimmt – ermöglicht. Durch eine präzise Beschreibung des Konstruktionsverfahrens können die Details und der Umfang der Arbeiten des Landwirts genau bestimmt werden. Die konstruktive Gestaltung der Halle ist das Ergebnis der engen Zusammenarbeit zwischen Landwirt und den Handwerkern und spiegelt die verschiedenen Funktionen des Projekts wider. Zwei (Holz-)Rahmen tragen das gesamte Gebäude und definieren eine Form, die das Bestandsgebäude verlängert und es zu den angrenzenden Feldern hin abfallen lässt. Mithilfe moderner Computertechnik entworfen und zugeschnitten, wurde das Tragwerk zuerst in der Werkstatt hergestellt und dann vor Ort aufgebaut und montiert. Die Konstruktion verbindet Rohholz aus dem hofeigenen Wald mit Drei-Schicht-Massivplatten aus Tanne.

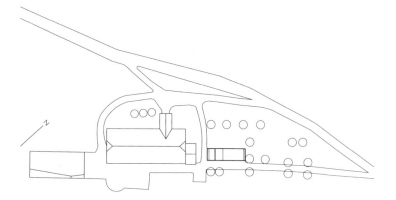

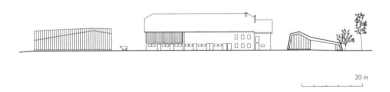

29

Überdachung für den Marktplatz, Renens
2011

Das Ziel der Überdachung des Marktplatzes von Renens besteht in der Verschmelzung von Architektur und Natur in einer einzigartigen und symbolträchtigen Form. Seine neue Präsenz im Herzen der Stadt stellt nicht nur einen städtebaulichen Einsatz dar, sondern auch eine technologische Herausforderung. Zwischen fünf Platanen entfaltet sich eine scheinbar schwerelose, 15 Zentimeter starke Platte. Die aus dreieckigen Facetten gebildete Form wird zur Baustruktur und ermöglicht unter ihrem Dach Platz für differenzierte Nutzungen: eine Bühne für Aufführungen, einige Bänke zum Ausruhen und Spielgeräte für Kinder.

Das Holz der Einbauten steht im Dialog mit dem Sichtbeton der Überdachung. Das aus je drei Metallpfosten bestehende Ständerwerk stellt einen Bezug zu den Platanen her. Der diagonale Stand der Pfosten weitet sich grosszügig vom Boden zum Himmel hin und formt so einen Schmuckrahmen für die Bäume. Regenwasser wird über die Einbuchtungen der Dachfacetten aufgefangen, durch das Pfosteninnere in den Boden abgeleitet und gelangt so auf natürlichem Weg zu den Baumwurzeln.

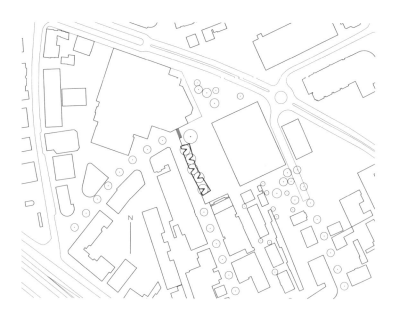

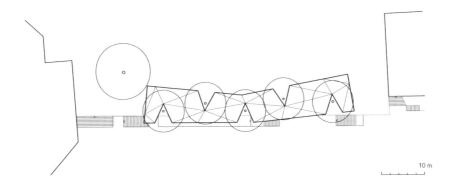

Schulhaus Bois-Genoud, Crissier
2012

In einer grünen Zone westlich des Stadtgebiets von Lausanne gelegen, ist die École de Bois-Genoud in die Pavillon-Landschaft, welche den Schulcampus der École Rudolf Steiner Lausanne bildet, eingebettet. Das in drei Etagen ausgeführte Gebäude greift das äussere Erschliessungsprinzip der bestehenden Pavillons auf. Die Treppe und die Rampe gewähren Zugang zu breiten Laubengängen, die direkt zu den Garderoben und Klassenzimmern führen. Die Laubengänge dienen gleichzeitig als externe Erweiterung der Klassenräume und fördern damit gemäss den pädagogischen Prinzipien der Schule einen Unterricht im Einklang mit der natürlichen Umgebung. Das komplett in Holz ausgeführte Gebäude verfügt über eine geschlossene Nordfassade; diese schützt die Einrichtung vor dem Verkehrslärm der nahe gelegenen Autobahn. Die voll verglaste Südfassade erfüllt die Funktion eines relativ grossen passiven Sonnenkollektors. Im Sommer wird die Fassade durch die Laubengänge geschützt, sodass eine Aufheizung begrenzt werden kann. Um die Verbindung zwischen den Innenräumen und der Vegetation des Standorts zu betonen, sind die Laubengänge mit Stahlseilen vom Dach abgespannt.

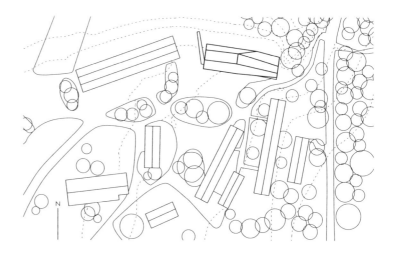

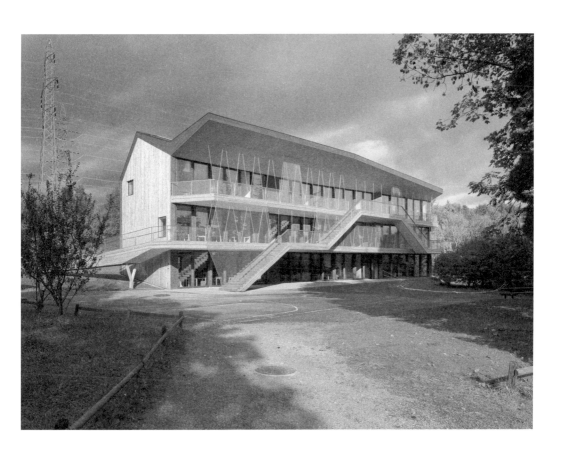

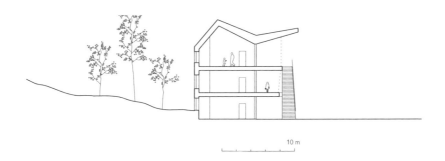

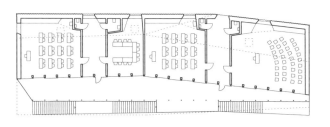

10 m

Wohnhaus in Chailly, Lausanne
2012

Das Gebäude in der Avenue du Temple grenzt an die den Bach La Vuachère
säumenden Baumreihen. Diese besondere Lage zwischen Stadt und Natur
bildet den Rahmen der Immobilie mit vier Wohnungen. Der Baukörper
reagiert mit einer Bewegung in der Fassade auf die Biegung der Strasse,
während sich seine Form im Süden abhebt und als Reaktion auf den Baumbestand aufbricht, grosse, klug ausgerichtete Terrassen freigibt, die sich
zum Licht hin öffnen, in die Blätter der Bäume.
Das scharfkantige Volumen zollt den unterschiedlichen Massstäben des
Quartiers Tribut und bindet das Gebäude in sein natürliches Umfeld ein.
Dicke, kantige Betondecken akzentuieren die Fassaden. Zwischen den Deckenplatten nimmt der Rhythmus der raumhohen Rahmen und Fenster
Bezug auf die Vertikalität der Bäume der Grünfläche. Diese Dualität von
vertikal/horizontal und mineralisch/pflanzlich durchdringt die Innenräume
und schafft eine harmonische und gleichzeitig kontrastreiche Atmosphäre.

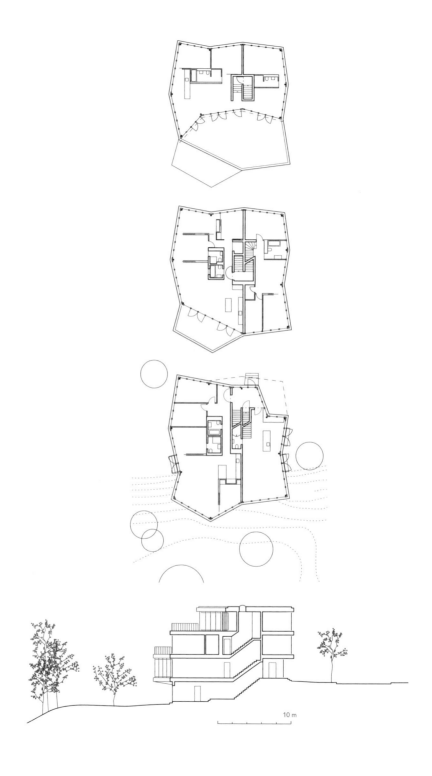

10 m

Wohnhaus, Confignon
2012

Auf einer länglichen Parzelle gelegen, nimmt die neue Wohnanlage die gesamte bebaubare Fläche in Anspruch. Unter Ausnutzung des leichten Gefälles des Obstgartens ist das Haus als Struktur mit drei höhenmässig versetzten Räumen konzipiert. Die Einheiten sind Baukörper unterschiedlicher Höhe, die sich auf zwei Seiten zum Garten hin öffnen. Die Tagesräume (Wohnzimmer und Küche) liegen im mittleren Bereich, während das Gästezimmer den oberen Hauskörper einnimmt. Die Kinderzimmer liegen im unteren Teil des Baukörpers. Ein weiteres Zimmer befindet sich im Souterrain. Zwei Sanitärblöcke trennen die Haupträume, wohingegen ein peripherer, durch die Höhenunterschiede rhythmisierter Umgang sie wieder verbindet. Die Gebäudehülle aus Beton, welche die Bewohner gegen den Verkehrslärm der nahen Strasse abschirmt, bringt die auf den unterschiedlichen Raumhöhen beruhende unregelmässige Form zum Ausdruck. Die relativ grossen Glasöffnungen verstärken die Transparenz des Gebäudes, während die vertikale Anordnung und Bemessung der Kieferholzpfosten die enge Beziehung zwischen den einzelnen Innenräumen und deren externen Fortsätzen betont.

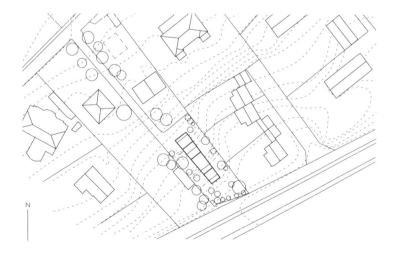

N

5 m

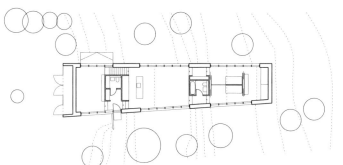

Cité Léopard, Carouge
Studienauftrag 2010, 1. Preis

Das neue Quartier Cité Léopard ist Teil eines Masterplans für den Osten von Carouge, der ein aus Häuserblöcken bestehendes urbanes Ensemble als Erweiterung der Bausubstanz des alten Carouge definiert. Der fünfseitige Block ist über grosse Passagen im Parterre, die den zentralen Hof mit dem öffentlichen Raum verbinden, an das Viertel angebunden. Das natürliche Gefälle des Geländes wird rekonstruiert, um den Hof und die Wege auf ein Niveau zu bringen und direkten Zugang zu den Gewerbeflächen im Erdgeschoss und den Wohnbereichen zu schaffen. Die oberen Etagen beherbergen mehrheitlich durchgehende Wohnungen mit grossen, kantigen Balkons zum Innenhof. Die Masse des neuen Volumens variiert: Einerseits wird der niedrigeren Bauhöhe des alten Carouge Rechnung getragen, andererseits eine stärkere Präsenz in Richtung der Strassenkreuzung geschaffen. Die verwendeten Materialien greifen die charakteristischen Baustoffe des alten Carouge auf: Steinfassaden mit Öffnungen zu den Strassen, während der Hof mit seinen Holzbalkons eine wohnlichere Atmosphäre schafft.

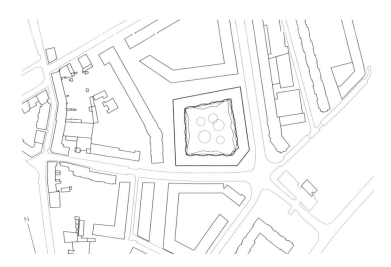

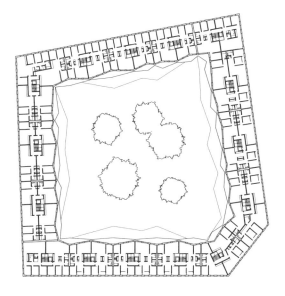

40 m

Lycée Français de Zurich und Wohnungen, Zwicky-Areal, Dübendorf
Studienauftrag 2012, 1. Preis

Das Französische Gymnasium Zürich und ein Wohnprojekt auf der letzten Parzelle eines sich wandelnden Industriegeländes sollen das neu errichtete Quartier vervollständigen.

Der Standort wird im Westen von einer Autobahn und im Süden von einer Kantonsstrasse begrenzt, in östlicher Richtung liegt ein Bahnviadukt, während die nördliche Seite von dem Fluss Glatt gesäumt wird. Die neuen Gebäude sind mit Blick auf bestmöglichen Lärmschutz und die Nutzung der ruhigeren Uferbereiche konzipiert. Das Französische Gymnasium Zürich ist in einem hohen, länglichen Baukörper untergebracht und wird von einer Sporthalle akzentuiert, die den Eingang zum Gelände markiert und den Quartierplatz begrenzt. Die drei Wohngebäude sind senkrecht zur Glatt angeordnet, die Aussenhöfe sind zum Flussufer hin offen. Durch die Tiefgarage ensteht ein Sockelvolumen, das den dadurch höher liegenden Höfen eine Privatheit verleiht. Die Erschliessung des Gymnasiums über zwei Treppenhäuser erlaubt die Anordnung der Klassenräume auf der ruhigen Seite, während die Korridore strassenseitig verlaufen.

Die übereinander geschichteten Decken aus getöntem Beton, die Anordnung der verglasten Fassadenflächen der Schule sowie die diagonalen Sichtachsen zwischen den Gebäuden schaffen eine Atmosphäre, die an die industrielle Vergangenheit des Standorts erinnert und gleichzeitig dessen neue Identität betont.

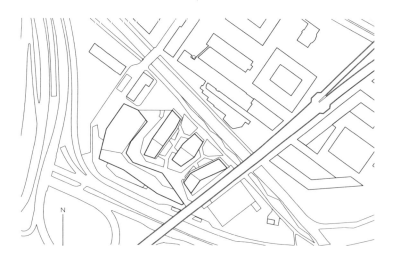

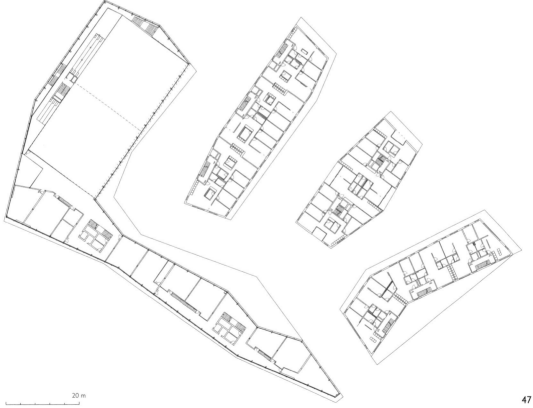

20 m

Werkverzeichnis
Auswahl Bauten, Projekte und Wettbewerbe

2005		Renovation Mehrfamilienhaus Colombier
		Wettbewerb Campus EPFL, Saint Sulpice; 2. Preis
	1	Wettbewerb Musée Cantonal des Beaux-Arts, Lausanne; 2. Preis
2006		Stall für 30 Kühe, Lignières
		Fédération Internationale de Motocyclisme, Mies; 1. Preis
	2	Wettbewerb Nationalbibliothek, Prag
	3	Wettbewerb Estonian National Museum, Tartu; Auszeichnung
2007		Neun Pavillons im Parc des Rives, Yverdon-les-Bains
	4	Wettbewerb Wohnturm Köniz
2008		Provisorische Kapelle von Saint-Loup, Pompaples
	5	Wettbewerb Musée d'Ethnographie de Genève
2009		Schulhaus Pierrefleur, Lausanne
		Wettbewerb Nouveau Parlement Cantonal, Lausanne; 4. Preis
2010		Zweifamilienhaus, Maracon
		Wohnungen in Corsy-sur-Lutry
		Renovation Schwesternhaus Saint-Loup, Pompaples
	6	Bibliothèque Cantonale de Fribourg, Fribourg; 6. Preis
2011		Überdachung für den Marktplatz, Renens
	7	Wettbewerb Stade de Lausanne; 4. Preis
2012		Wohnhaus, Confignon
		Wohnhaus Chailly, Lausanne
		Schulhaus Bois-Genoud, Crissier
		Halle für Landwirtschaftsgeräte, Lignières
		Wettbewerb Salle polyvalente, Le Vaud; 1. Preis
		Wettbewerb Traversée du Rhône, Sion; 1. Preis
		Hafen und Platz Numa-Droz, Neuchâtel; 1. Preis

Laufende Projekte

2013	Wohnhaus Chailly, Avenue de Rovéréaz, Lausanne
	Place Numa-Droz, Neuchâtel
2015	Lycée Français de Zurich und Wohnungen, Zwicky-Areal, Dübendorf (Wettbewerb 2012; 1. Preis)
2017	Cité Léopard, Carouge (Wettbewerb 2010; 1. Preis)

	Manuel Bieler 1970
1996	Architekturdiplom an der EPF Lausanne
1997–1999	Mitarbeit im Architekturbüro Geninasca & Delefortrie, Neuchâtel
1999–2001	Mitarbeit im Architekturbüro Zurbuchen-Henz, Lausanne
2001–2002	Mitarbeit im Architekturbüro Danilo Mondada, Lausanne
2002	EMC Diplom postgrad an der EPF Lausanne
	Gründung Architekturbüro Localarchitecture
2010	Mitglied des Bundes Schweizer Architekten (BSA/FAS)
	Antoine Robert-Grandpierre 1972
1996	Architekturdiplom an der EPF Lausanne
1996–1998	Mitarbeit im Architekturbüro Asfour & Guzy Architects, New York
1999–2001	Mitarbeit im Architekturbüro D'Apostrophe Design, New York
2002	Gründung Architekturbüro Localarchitecture
2007–2009	Assistent an der EPF Lausanne bei Professor Harry Gugger
2010	Mitglied des Bundes Schweizer Architekten (BSA/FAS)
2011	Vizepresident Maison de l'Architecture, Genève
	Laurent Saurer 1971
1998	Architekturdiplom an der EPF Lausanne
1998–1999	Mitarbeit im Architekturbüro Geninasca & Delefortrie, Neuchâtel
1999–2005	Mitarbeit im Architekturbüro MPH Architectes, Lausanne
2002	Gründung Architekturbüro Localarchitecture
2010	Mitglied des Bundes Schweizer Architekten (BSA/FAS)

MitarbeiterInnen (2002–2012)	David Abarrategui Yagüe, Giulia Altarelli, Maëlle Bader, Benjamin Bollmann, Solenn Borchers, Diana Brasil, Thomas Bregmann, Sara Cavicchioli, Artemis Chrissikou, Jérôme Clerc, Antonio Conroy, Frank Cottier, Erik Courrier, Corinne Currat, Maëlle Doliveux, Bénédicte Dubiez, Maxime Duvoisin, Maria Eskova, Livia Esposito, Lucas Falbriard, Nicolas Feihl, Dorothée Fritzsche, Laetitia Fronty, Paula Guerrero, Charles-Henry Hasbroucq, Julie Hugo, Elsa Jejcic, Mira Al Kassar, Vassil Kaykov, Anastasia Konovalova, Simone Lüthi, Immanuel Malka, Aude Mermier, Simon Mühlebach, Coralie Pfister, Andy Plüss, Isabelle Schulz, Carla Smyth, Christopher Tan, Eva-Noemie Thiele, Wynd van der Woude, Nicolas Willemet, Yuya Yoshikawa

	Ausstellungen (Auswahl)
2007–2008	ARCH/SCAPE. Negotiating Swiss Architecture & Landscape. São Paulo International Architecture Biennial und Schweiz. Architekturmuseum Basel
2009	ARCH/SCAPE. Today Art Museum Beijing, Peking
	Exposition Distinction Romande d'Architecture. Buenos Aires International Architecture Biennale
2010	Swiss Ministories. Swiss Pavillion. Expo 2010, Schanghai
2011–2012	Bauen mit Holz. Wege in die Zukunkt. Pinakothek der Moderne, München
2012–2015	Swiss Positions – 33 takes on sustainable approaches to building, Wanderausstellung in Europa, Asien und den Vereinigten Staaten

Projektinformationen

Stall für 30 Kühe, Lignières
Bauherrschaft: privat
Bauingenieur: GVH St-Blaise SA, St-Blaise
Holzbauingenieur: Chabloz & Partenaires SA, Lausanne

Neun Pavillons im Parc des Rives, Yverdon-les-Bains
Bauherrschaft: Ville d'Yverdon-les-Bains
Bauingenieur: Sancha SA, Yverdons-les-Bains
Landschaftsarchitekt: Paysagestion SA, Lausanne

Zweifamilienhaus, Maracon
Bauherrschaft: privat
Bauleitung: Quartal Sàrl, Vevey
Tragwerksplanung: MCR et associés Sàrl, Vevey
Ingenieur CVS: Equada, La Chaux-de-Fonds

Provisorische Kapelle von Saint-Loup, Pompaples
Bauherrschaft: Institution des Diaconesses de Saint-Loup, Pompaples

Schulhaus Pierrefleur, Lausanne
Bauherrschaft: Fondation de Verdeil, Lausanne
Bauingenieur: BG Ingénieurs conseils, Lausanne
Elektroplanung: Weinmann-Energies SA, Echallens

Wohnungen in Corsy-sur-Lutry
Bauherrschaft: privat
Bauleitung: Quartal Sàrl, Vevey
Bauingenieur: BG Ingénieurs conseils, Lausanne
Energieplanung: Weinmann-Energies SA, Echallens
Elektroplanung: Perrin & Spaeth SA, Renens

Halle für Landwirtschaftsgeräte, Lignières
Bauherrschaft: privat
Holzbauingenieur: Ratio Bois Sàrl, Villeneuve

Überdachung für den Marktplatz, Renens
Bauherrschaft: Ville de Renens
Bauingenieur: BG Ingénieurs conseils, Lausanne
Landschaftsarchitekt: Paysagestion SA, Lausanne

Schulhaus Bois-Genoud, Crissier
Bauherrschaft: Association ERSL, Lausanne
Holzbauingenieur: Ratio Bois Sàrl, Villeneuve
Ingénieur CVS: Equada, La Chaux-de-Fonds

Wohnhaus in Chailly, Lausanne
Bauherrschaft: privat
Bauleitung: Quartal Sàrl, Vevey
Bauingenieur: BG Ingénieurs conseils, Lausanne
Ingénieur CVS: Equada, La Chaux-de-Fonds

Wohnhaus, Confignon
Bauherrschaft: privat
Bauleitung: Thinka
architecture studio, Onex
Bauingenieur: ESM-Ingénierie SA, Genève
Ingénieur CVS: Equada, La Chaux-de-Fonds

Cité Léopard, Carouge
Bauherrschaft: SUVA Luzern
Bauleitung: Quartal Sàrl, Vevey
Bauingenieur: Thomas Jundt, Carouge
Energieplanung: Weinmann-Energies SA, Echallens
Elektroplanung: Perrin & Spaeth SA, Renens
Landschaftsarchitekt: Paysagestion SA, Lausanne

Lycée Français de Zurich und Wohnungen, Zwicky-Areal, Dübendorf
Bauherrschaft: privat
Generalunternehmung: HRS Real Estate AG, Crissier/Zürich
Bauingenieur: APT Ingenieure GmbH, Zürich
Ingénieur CVS: Meili Tanner Partner AG, Uster
Verkehrsplanung: Stadt Raum Verkehr/Birchler+Wicki, Zürich
Landschaftsarchitekt: Haag Landschaftsarchitektur GmbH, Zürich

Finanzielle und ideelle Unterstützung

Ein besonderer Dank gilt den Institutionen und Sponsorfirmen, deren finanzielle Unterstützungen wesentlich zum Entstehen dieser Publikation beitragen. Ihr kulturelles Engagement ermöglicht ein fruchtbares Zusammenwirken von Baukultur, öffentlicher Hand, privater Förderung und Bauwirtschaft.

ERNST GÖHNER STIFTUNG

André SA, Yens-sur-Morges

Lambelet SA, Puidoux

renaud ❭ burnand

Renaud et Burnand SA, Lausanne

esm

ESM Ingénierie SA, Genève

META CONCEPT Sàrl

Metaconcept Sàrl, Vevey

PRsa | maçonnerie
Construction | béton armé
| pierres naturelles

Paulo Ribeiro SA, Thonex

Glas Trösch AG, Bützberg

Perrin & Spaeth Ingenieurs SA, Renens

ρANORAMA**AH!**
unlimited perspective

Unlimited Perspective SA, Châtelaine

Fiduciaire Herschdorfer, Neuchâtel

PSS INTERSERVICE AG, Geroldswil

 **ZUMTOBEL**

Zumtobel Staff AG, Zürich

Thomas
Jundt ingénieurs
civils

Thomas Jundt ingénieurs civils SA, Carouge

 quartal

Atelier Quartal, Vevey

Quart Verlag Luzern

Anthologie – Werkberichte junger Architekten